AF263071

4762

SOCIÉTÉ IMPÉRIALE
ZOOLOGIQUE
D'ACCLIMATATION
FONDÉE LE 10 FÉVRIER 1854.

PROJET

D'ÉLEVER UNE STATUE A DAUBENTON

RAPPORT

FAIT A LA SOCIÉTÉ IMPÉRIALE ZOOLOGIQUE D'ACCLIMATATION

DANS SA SÉANCE DU 3 MAI 1861

Par M. DROUYN DE LHUYS

PARIS

AU SIÈGE DE LA SOCIÉTÉ, RUE DE LILLE, 19

(HÔTEL LAURAGUAIS)

1861

PROJET

D'ÉLEVER UNE STATUE A DAUBENTON

RAPPORT

FAIT A LA SOCIÉTÉ IMPÉRIALE ZOOLOGIQUE D'ACCLIMATATION

Par M. DROUYN DE LHUYS.

(Séance du 3 mai 1861.)

MESSIEURS,

S'il est des hommes auxquels on ait pu justement décerner le titre de bienfaiteurs de l'humanité, ce sont assurément ces savants illustres qui, portant le flambeau des sciences naturelles dans le domaine de l'agriculture, ont perfectionné les méthodes et accéléré les progrès de cet art, devenu, grâce à leurs travaux, la plus noble des professions. Libre comme l'air qui la féconde, pure comme le soleil qui l'éclaire, stable comme la terre qui lui sert de base, l'agriculture assainit le cœur, fortifie le caractère et élève l'âme vers le Créateur par le spectacle des merveilles de la création.

Dès l'origine du monde, Dieu a divisé en deux parties le vaste champ ouvert devant l'intelligence humaine : l'une où l'on sème du vent pour récolter des tempêtes, où l'on nourrit des chimères pour enfanter des monstres, et que l'arbre de la science du bien et du mal couvre de son ombre maudite ; l'autre livrée par la Providence à nos légitimes investigations, et dans laquelle l'étude de la nature est marquée du sceau de la consécration divine. Oui, Messieurs, la zoologie peut présenter une page de la Genèse comme son premier titre de noblesse. Dieu, en montrant à l'homme les habitants de la mer, les oiseaux du ciel et les animaux qui peuplaient la terre, ne lui a-t-il pas prescrit de leur donner des noms, de les soumettre à son empire et de les approprier à ses besoins?

La sanction n'a pas manqué à ces deux lois. Voyez, en effet, quels renoms, quels destins divers attendent, au bout de la carrière, ceux qui se sont engagés dans l'une ou l'autre de ces voies! La mythologie, comme la Bible, nous apporte son témoignage. Là ce sont les orgueilleux constructeurs de la tour de Babel qui tombent dans la confusion des langues; c'est Prométhée expiant sur un rocher sanglant son audace sacrilége; ce sont les Titans foudroyés et ensevelis sous les montagnes qu'ils entassaient pour escalader le ciel; c'est ce monarque insensé que Virgile, interprète de la tradition, place dans le Ténare pour le punir d'avoir voulu, par des moyens artificiels, imiter la voix inimitable du tonnerre. Ici, au contraire, c'est Flore, Pomone, Cérès, Bacchus, Triptolème, auxquels une fiction antique avait accordé les honneurs divins, soit qu'on les considérât comme des mortels que la reconnaissance de la terre avait élevés au ciel, soit qu'on vît en eux des divinités que la bonté du ciel avait envoyées sur la terre pour y répandre leurs bienfaits. La Bible ne fait pas des dieux, mais elle reconnaît et immortalise des patriarches. Au premier rang elle cite Noé, l'inventeur de la vigne et le conservateur des animaux destinés à l'ornement ou à l'exploitation du domaine de l'homme. Pour prix de ses bienfaits, il reçut l'approbation du Seigneur, la bénédiction des hommes et le manteau de l'indulgence pour voiler sa faute.

Quant à nous, Messieurs, nous ne pouvons faire ni des dieux ni même des patriarches; mais n'avons-nous pas quelque moyen de reconnaître les services éclatants que des hommes d'élite ont rendus à l'humanité, en faisant, suivant la belle expression de Socrate, descendre la philosophie du ciel sur la terre? Ne pouvons-nous, à l'exemple des étrangers eux-mêmes, rendre à nos savants une complète justice? Voici en quels termes l'illustre Gœthe glorifiait la grande école des naturalistes français. Après avoir fait un parallèle entre Buffon et Étienne Geoffroy Saint-Hilaire, entre Cuvier et Daubenton; après avoir indiqué les différents points de vue auxquels chacun d'eux s'est placé pour explorer le domaine de la science, il ajoute :

« La crainte des répétitions ne saurait nous empêcher de
» continuer nos réflexions sur ces quatre hommes, dont les
» noms reviennent sans cesse dans l'histoire des sciences
» naturelles. De l'aveu de tous, ils sont les fondateurs et les
» soutiens de l'histoire naturelle française, le foyer éclatant
» qui a répandu tant de lumière..... C'est un spectacle que
» l'histoire des sciences ne présentera peut-être jamais pour
» la seconde fois, que celui d'hommes aussi remarquables
» habitant la même ville, professeurs à la même école (1). »

Remarquez, Messieurs, cette glorieuse généalogie d'intelligences : Daubenton est introduit dans la science par Buffon, Étienne Geoffroy Saint-Hilaire par Daubenton, et Cuvier par Geoffroy Saint-Hilaire. Ne croyez-vous pas voir ces coureurs antiques, échelonnés de distance en distance, se passant de main en main le flambeau qui doit parvenir, sans s'éteindre, à l'extrémité de la carrière?

De ces quatre grands naturalistes français, trois ont leurs statues ; Daubenton seul attend encore la sienne. C'est, dans les fastes de la reconnaissance nationale, une lacune que nous vous proposons de remplir.

Ai-je besoin de m'étendre longuement pour présenter les titres de Daubenton à un pareil honneur? Lacépède, Étienne Geoffroy Saint-Hilaire, Cuvier, Flourens, Richard (du Cantal) et notre honorable Président ont à l'avance plaidé cette cause avec une autorité à laquelle je ne saurais prétendre. Permettez-moi seulement de réunir ici quelques traits que j'emprunte aux tableaux tracés par ces savants maîtres.

Daubenton, né à Montbard le 29 mai 1716, et appelé à Paris, vers l'année 1742, par Buffon, qui lui fit obtenir ultérieurement la place de garde et démonstrateur du cabinet d'histoire naturelle, se livra sans interruption (dit Cuvier, que je vais citer presque textuellement) aux travaux propres à seconder

(1) *OEuvres d'histoire naturelle* de Goethe, traduction de M. Martins page 163.

les vues de son bienfaiteur, et érigea par ces travaux mêmes les deux principaux monuments de sa propre gloire.

L'un est le cabinet d'histoire naturelle du Jardin des plantes. Dans l'origine, il ne contenait que des coquilles rassemblées par Tournefort, qui avaient servi depuis à amuser les premières années de Louis XV, et dont plusieurs portaient encore l'empreinte des caprices de l'enfant royal.

En bien peu d'années, par les soins de Daubenton, il changea totalement de face. Les minéraux, les fruits, les bois, les coquillages furent rassemblés de toutes parts et exposés dans le plus bel ordre. On s'occupa de découvrir et de perfectionner les moyens par lesquels on conserve les diverses parties des corps organisés ; les dépouilles inanimées des quadrupèdes et des oiseaux reprirent les apparences de la vie, et présentèrent à l'observateur les moindres détails de leurs caractères, en même temps qu'elles firent l'étonnement des curieux par la variété de leurs formes et l'éclat de leurs couleurs.

Le second monument qu'a laissé Daubenton devait être, d'après son plan primitif, le résultat et la description complète du cabinet ; mais des circonstances l'empêchèrent de pousser cette description plus loin que les quadrupèdes. Cet ouvrage, aussi immense par ses détails qu'étonnant par la hardiesse de son plan, comprend la description de 208 espèces (1).

Cuvier nous apprend encore que Daubenton est le premier qui ait appliqué la connaissance de l'anatomie comparée à la détermination des espèces de quadrupèdes dont on trouve les dépouilles fossiles ; qu'en physiologie végétale, il a découvert ce fait, que tous les arbres ne croissent pas par des couches extérieures et concentriques, observation développée et complétée par M. Desfontaines. Dans la science minéralogique, il a eu l'honneur d'être le maître du célèbre Haüy.

Je ne puis, Messieurs, prononcer ce dernier nom sans vous rappeler une anecdote qui fait honneur à trois personnes. Étienne Geoffroy Saint-Hilaire avait, pendant le règne de la Terreur, enlevé à la mort son professeur l'abbé Haüy, qui,

(1) *Recueil des éloges historiques des membres de l'Académie des sciences,* par Cuvier.

reconnaissant de ce service, le présenta à Daubenton, en lui disant : « Aidez, aimez, adoptez mon jeune libérateur. » Vous savez combien Daubenton sut tenir compte de cette recommandation bienveillante. Voilà comment, dans ses beaux jours, la science pratique les devoirs de la confraternité.

Dans cette collaboration féconde de Buffon et de Daubenton, quelle part revient à chacun des deux ? Gardons-nous de le rechercher avec une indiscrète ou maligne curiosité. N'engageons pas dans une guerre posthume, sans leur aveu, contre leur intention, deux hommes qui ont vécu dans une étroite et touchante alliance. Disons avec Pallas : « Le livre de Dau- » benton est un livre d'or ; ses ouvrages sont vraiment clas- » siques. » — Avec Lacépède : « Réunissant leurs efforts, » sans confondre leurs facultés, se donnant l'un à l'autre ce » que chacun d'eux aurait pu désirer séparément, ils for- » maient un ensemble merveilleux. » — Avec Cuvier : « Dau- » benton fut l'œil et la main de Buffon... Il avait cette patience » qui ne veut point deviner la nature, parce qu'elle ne déses- » père pas de la forcer à s'expliquer elle-même en répétant » ses interrogations, et cette sagacité habile à saisir jusqu'aux » moindres signes qui peuvent indiquer une réponse. » — Avec Étienne Geoffroy Saint-Hilaire : « Rien n'échappait à la » finesse de ses regards, à la grande justesse de son esprit, à » son enregistrement calme et incessant. » Disons avec Buffon lui-même : « Daubenton n'avait jamais ni plus ni moins » d'esprit que n'en exigeait le sujet de sa pensée. » Un auteur a dit, peut-être avec raison, que, sans Daubenton, il eût été impossible à Buffon d'accomplir son œuvre, tandis que, sans Buffon, Daubenton aurait pu composer ses utiles ouvrages. Mais pourquoi scinder la gloire de ces deux génies ? L'un, par les actives recherches de l'analyse, recueillait de toute part des rayons lumineux ; l'autre, par la puissante concentration de la synthèse, les réunissait dans un éclatant foyer. C'est ainsi que s'est formée l'auréole qui couronne ces deux nobles têtes ; ne la divisons pas : contester la gloire de Buffon, ce serait affli- ger, scandaliser peut-être la reconnaissante modestie de son ami d'enfance, du compagnon de ses travaux, qui, au soir de

la vie, disait de son illustre protecteur : « Comment ne l'ai-
» merais-je pas? Sans lui, je n'aurais jamais eu dans ce jardin
» cinquante années de bonheur. »

Je quitte ce sujet délicat, pour lequel je reconnais volontiers
mon incompétence, et j'aborde un ordre de travaux dans
lequel Daubenton a révélé un mérite que les esprits profanes
peuvent mieux apprécier. N'ayant jamais voulu admettre que
des idées nettes, des aperçus précis, il fut conduit par une
pente irrésistible à préférer les objets sensibles aux abstrac-
tions, des notions circonscrites aux vues vagues et incertaines,
et par conséquent à diriger principalement ses efforts vers
l'accroissement des commodités de la vie, des douceurs de la
société, du bonheur de l'espèce humaine. Aussi, suivant la
remarque de Lacépède, s'il traite des minéraux, se plaît-il à
montrer aux agriculteurs les diverses terres qui promettent
le plus de fertilité ; aux architectes les matériaux de la demeure
modeste du citoyen, et les blocs de marbre ou de granit qui
rendent les monuments immortels ; aux joailliers les pro-
priétés diverses des pierres rares et brillantes. S'il s'occupe
des végétaux, il aime à dire quels sont ceux qui conviennent
à la nourriture de l'homme, à celle des animaux ; quels arbres
donnent au navigateur, au charpentier, au menuisier, à l'ébé-
niste, au teinturier, les plus belles tiges, les poutres les plus
solides, les planches les plus satinées, les substances les plus
précieuses. Enfin, s'il considère les animaux, il indique quelles
espèces sont les plus fécondes ; les plus faciles à familiariser,
à nourrir, à perfectionner ; les plus capables de résister aux
intempéries, les plus sobres pour les voyages, les plus fortes
pour les transports ; les plus patientes pour les travaux cham-
pêtres, les plus courageuses pour la guerre ; les plus propres
à donner un aliment salutaire, des tissus chauds ou légers,
des ornements élégants et gracieux, des modèles pour les
arts (1).

Daubenton, comme il le dit lui-même, avait toujours aimé
les plantes ; c'était pour lui un goût de famille. Si je ne crai-

(1) *Séances des Écoles normales.* Leçons, t. VIII, 1800. — Discours de
Lacépède.

gnais de fatiguer votre attention, je vous exposerais le plan détaillé qu'il traça, par ordre du Directoire exécutif, pour le Jardin du Luxembourg. Ce projet, qu'il intitule *Bosquet de tous les mois*, consiste principalement à réunir en groupes séparés les arbustes qui fleurissent dans les mêmes mois. J'ignore si l'on a jamais réalisé l'ingénieuse idée de cette espèce de zodiaque floral.

Vous le voyez, Messieurs, Daubenton se recommande particulièrement à notre Société par le caractère pratique de son génie et de ses travaux. Mais son plus grand titre à nos yeux est l'initiative qu'il a prise dans les questions relatives à l'acclimatation. C'est lui qui, le premier, a dressé la liste des espèces dont notre sol et nos eaux pourraient encore s'enrichir. On trouve cette liste dans la première leçon du cours d'histoire naturelle à l'École normale. Elle est reproduite à la page 483 de l'ouvrage récemment publié par notre honorable Président, sous le titre de : « *Acclimatation et domestication des animaux utiles.* » Ces précieuses indications sont notre guide le plus sûr, et la plupart des espèces qu'il a nommées viennent, pour ainsi dire, à sa voix, prendre place dans le jardin du bois de Boulogne, et justifier ses prévisions.

Ce grand homme ne s'est pas arrêté à la théorie de l'acclimatation. Une magnifique expérience, couronnée d'un éclatant succès, a complété sa gloire et doublé la richesse agricole de la France. « Le premier, dit M. Isidore Geoffroy Saint-
» Hilaire, il a passé de la parole à l'action, et nous lui devons
» les seules grandes applications de la zoologie à l'agriculture
» qui aient été faites en France dans le xviiie siècle : l'amé-
» lioration de nos races ovines, par une suite d'expériences
» dignes de servir de modèles à tous les essais de ce genre,
» et l'acclimatation des moutons à laine fine d'Espagne, inu-
» tilement tentée avant lui. » Double succès dont l'histoire a été écrite par notre collègue M. Richard (du Cantal) (1), et résumée en ces mots par l'illustre Cuvier :

(1) Voir son Rapport à l'Assemblée constituante sur la *Production des chevaux au point de vue de l'armée*, in-4°, 1849, Annexes, p. 85, et son *Dictionnaire d'agriculture*, au mot MÉRINOS.

« Ce que Daubenton a fait pour l'amélioration de nos laines
» lui méritera à jamais la reconnaissance de l'État, auquel il
» a donné une nouvelle source de prospérité. Il commença
» ses expériences à ce sujet en 1766, favorisé par l'intendant
» Trudaine, et les poursuivit jusqu'à sa mort. Mettre dans
» tout son jour l'utilité du pacage continuel ; démontrer les
» suites pernicieuses de l'usage de renfermer les moutons
» dans l'étable pendant l'hiver ; essayer divers moyens d'en
» améliorer la race ; trouver ceux de déterminer avec préci-
» sion le degré de finesse de la laine ; reconnaître le véritable
» mécanisme de la rumination ; en déduire des conclusions
» utiles sur le tempérament des bêtes à laine et sur la manière
» de les nourrir et de les traiter ; disséminer les produits de
» sa bergerie dans toutes les provinces ; distribuer les béliers
» à tous les propriétaires de troupeaux ; faire fabriquer des
» draps avec ses laines, pour en démontrer aux personnes
» prévenues la supériorité ; former des bergers instruits pour
» propager la pratique de sa méthode ; rédiger des instruc-
» tions à la portée de toutes les classes d'agriculteurs : tel
» est l'exposé rapide des travaux de Daubenton sur cet impor-
» tant sujet. »

Daubenton avait dépensé sa fortune au profit de la science.
Un décret de la Convention, rendu sur le rapport de Lakanal,
le 1er nivôse an III, ordonna la réimpression aux frais de
l'État du traité relatif au perfectionnement du Mouton, ouvrage que les étrangers nous enviaient, et qui fut traduit en
italien, en allemand et en espagnol. Outre ce traité, il présenta, presque chaque année, à l'Académie des sciences, des
mémoires qu'il publiait ensuite pour tenir l'agriculture au
courant de ses belles expériences.

On le rencontre partout où il peut faire le bien. En 1787,
il lit à l'assemblée provinciale de l'Orléanais une notice sur
le climat et les terrains de la Sologne, et sur les moyens d'a-
méliorer le sol, ainsi que les troupeaux. Ailleurs il travaille
sans relâche au développement de la prairie artificielle.

En 1778, il occupe la chaire de zoologie générale au collége
de France.

En 1783, il professe le cours d'économie rurale à l'école d'Alfort.

En 1793, il est appelé à la chaire de minéralogie au Muséum d'histoire naturelle.

En 1795, il est nommé professeur à l'école normale.

Élu membre du sénat conservateur, Daubenton fut frappé d'apoplexie la première fois qu'il parut dans cette assemblée, et il expira au milieu de ses nouveaux collègues, le 31 décembre 1799, à l'âge de quatre-vingt-quatre ans.

Telle est, Messieurs, l'histoire des œuvres et des jours du grand homme auquel votre Conseil vous propose d'ériger une statue. Bientôt, d'après vos inspirations, la compagnie du Jardin zoologique du bois de Boulogne va entreprendre la création d'un établissement destiné à l'amélioration des races d'animaux agricoles, projet dont j'ai eu l'honneur, il y a un an, de soumettre les bases à la bienveillante approbation de l'Empereur. Quel moment pourrait être plus opportun pour rendre un éclatant hommage au Nestor des naturalistes et au législateur des bergers?

Nous attendons avec confiance le résultat d'une souscription ouverte, en quelque sorte, sous les auspices de Buffon, Lacépède, Pallas, Geoffroy Saint-Hilaire, Cuvier et Gœthe. Votre appel trouvera de l'écho dans nos campagnes comme dans nos villes, car Daubenton n'est pas moins cher à l'agriculture, qu'il a instruite et enrichie, qu'à la science, qu'il a honorée.

Ce Rapport a été approuvé par l'assemblée, qui a institué une Commission pour l'érection de la statue de Daubenton, et ouvert une souscription à laquelle un grand nombre de membres présents ont immédiatement pris part.

On souscrit au siége de la Société, rue de Lille, 19, et dans les bureaux du Jardin zoologique d'acclimatation, au bois de Boulogne.

On peut souscrire aussi au secrétariat de l'Institut.

PARIS. — IMPRIMERIE DE L. MARTINET,

rue Mignon, 2.

www.ingramcontent.com/pod-product-compliance
Lightning Source LLC
Chambersburg PA
CBHW050715070726
47597CB00010B/4462